LE CINQ MAI,

1821.

RELATION EXACTE

DE

LA MORT

DE NAPOLÉON BONAPARTE.

DE L'IMPRIMERIE D'ÉVERAT,

RUE DU CADRAN, N°. 16.

LE CINQ MAI,

OU

RELATION EXACTE

DES DIVERSES CIRCONSTANCES QUI ONT-PRÉCÉDÉ, ACCOMPAGNÉ ET SUIVI

LA MORT

DE NAPOLÉON BONAPARTE,

A L'ILE SAINTE-HÉLÈNE,

Traduite textuellement des Gazettes anglaises, depuis le 4 Juillet jusqu'au 16 inclusivement,

ET SUIVIE

DE NOTES ET D'ÉPHÉMÉRIDES HISTORIQUES SUR L'EX-EMPEREUR,

AVEC UNE GRAVURE LITHOGRAPHIQUE.

PRIX : 2 FR.

A PARIS,

Chez {
PONTHIEU, Palais Royal, Galerie de Bois, n. 252.
TERRY, Palais Royal, Galerie de Bois, n. 231.
CHAMBET, rue Saint-André-des-Arts, n. 58.
AUDIN, quai des Augustins, n. 25.

21 Juillet 1821.

AVIS DE L'ÉDITEUR.

Napoléon n'est plus..... Les Journaux français ont déjà donné quelques détails curieux sur ses derniers momens ; toutefois, il manquait un ouvrage qui offrît l'ensemble de toutes les circonstances qui ont accompagné la fin de cet homme extraordinaire. Cette *Relation*, que nous offrons au Public, traduite textuellement des Feuilles anglaises, ne saurait donc manquer d'exciter l'intérêt et la curiosité de tous nos lecteurs.

NOTICE PRÉLIMINAIRE

NAPOLÉON BONAPARTE.

BONAPARTE naquit le 5 août 1769, à Ajaccio, dans l'île de Corse. Il était l'aîné des fils de Carlo Bonaparte, avocat, et de dame Lætitia Ramolini. Il eut pour parrain le général Paoli, et M. de Marbœuf pour protecteur. Il est un fait assez digne de remarque, c'est que Napoléon Bonaparte et le duc de Wellington sont nés tous deux dans la même année : ce dernier est venu au monde en Mai 1769. Bonaparte fut élevé à l'École Militaire de Brienne, comme ingénieur. Pour ses premières armes, il se distingua au siége de Toulon, qui se trouvait, en ce moment, occupé par les Anglais. Bientôt il devint l'instrument du directeur Barras ; et, par sa protection, il obtint le commandement de l'armée d'Italie.

C'est alors qu'il parcourut une carrière vraiment glorieuse ; plus tard il conclut la paix avec l'Autriche. Peu de temps après, il conçut le projet de son expédition mémorable en Égypte ; puis, par suite des revers qu'il essuya dans ces contrées, il revint en France. Profitant alors de l'état d'inquiétude où se trouvaient les esprits ; (en effet, la guerre avec l'Autriche avait été rallumée pendant son absence) il parvint, par la force, à renverser le gouvernement du directoire ; et, sous la constitution qui lui succéda, il se fit nommer premier Consul, ou chef de la République, pour un temps limité, puis ensuite Consul à vie, en conséquence de ce qu'il avait forcé l'Autriche à accepter la paix. Mais c'est au trône de France qu'aspirait Bonaparte ! En 1804, il se donna le titre d'Empereur des Français, et il fut sacré. Enfin, après une longue suite de victoires, il essuya son premier revers en Espagne ; peu de temps après, la funeste campagne de Russie mit un terme à sa puissance ; or il fut forcé d'abdiquer le trône de France en 1814. Cette abdication fut suivie de son exil dans l'île d'Elbe ; là, tous les égards qui s'accordaient avec la prudence, lui furent prodigués ; mais, oubliant ses engagemens, Napoléon quitta l'île d'Elbe, le 26 Février 1815, pendant la nuit, se rendit à bord d'un brick, accompagné d'un petit nombre d'adhérens, et mit pied à terre, le 1er. Mars, à cinq heures, dans le golfe de Juan. Ayant été plus ou moins favorablement accueilli, il s'avança jusques vers Paris, y fit son entrée en vainqueur le 20 du même mois, et ressaisit aussitôt les rênes du gouvernement. Le Roi avait envoyé une armée pour s'opposer à sa marche, sous le commandement du maréchal Ney; celui-ci fut se joindre à Napoléon. Toutefois les premiers succès de Bonaparte ne tardèrent point à recevoir un rude échec. La ligne des frontières fortifiées, des Pays-Bas, du côté de la France, occupées par de fortes garnisons soldées en grande partie par l'Angleterre, furent puissamment renforcées par le duc de Wellington ainsi que par une armée prussienne, sous les ordres du prince Blucher; c'est dans l'intention de renverser ces barrières formidables que Napoléon quitta Paris le 12 Juin 1815; il remporta d'abord divers petits avantages, jusqu'au 18. Les résultats de la journée de Waterloo sont connus; Bonaparte revint à Paris, et y déclara sa vie politique terminée. Les armées coalisées pénétrèrent de nouveau dans Paris le 3 Juillet ; et, le 8 du même mois, Sa Majesté Louis XVIII rentra, pour la seconde fois, dans sa capitale, suivi des souverains alliés. De son côté, Napoléon gagna Rochefort, d'où il tenta de se sauver par mer ; mais, voyant l'impossibilité d'accomplir son dessein, il se rendit à bord d'un vaisseau de guerre anglais qui fit voile aussitôt pour l'Angleterre, et jeta l'ancre dans Forbay. Il resta là, à bord de ce bâtiment, jusqu'à ce qu'on eût préparé un autre navire pour le recevoir ; enfin *le Northumberland* le transporta à Sainte-Hélène, lieu désigné pour son exil jusqu'au terme de sa vie.

(THE SUN. — 5 *Juillet.*)

LE CINQ MAI,

OU

RELATION EXACTE

DES CIRCONSTANCES QUI ONT PRÉCÉDÉ, ACCOMPAGNÉ OU SUIVI

LA MORT

DE

NAPOLÉON BONAPARTE.

———✳———

N°. I.

(STATESMAN. — *4 Juillet.*)

Des dépêches viennent d'être reçues de Sainte-Hélène par le Gouvernement ; elles annoncent que Napoléon Bonaparte est mort le 5 Mai, d'un cancer dans l'estomac. Son père avait succombé à la même maladie à l'âge de 35 ans : cette infirmité est héréditaire dans sa famille. La nouvelle de cet important événement, qui n'était en aucune manière attendu, va être expédiée, du bureau de l'Amirauté, dans les diverses parties du royaume. On a de suite commencé des préparatifs à Sainte-Hélène pour transporter le corps de Napoléon Bonaparte en Angleterre, dans le but surtout de s'assurer de son identité.

Détails postérieurs.

Une lettre particulière vient d'être reçue, par l'entremise du capitaine Crokat, par le président de la cour des directeurs de la Compagnie des Indes Orientales ; elle est de sir Hudson Lowe ; elle annonce que Bonaparte est mort le 5 Mai, à six heures moins dix minutes du matin. Cette mort a été causée par une maladie qui le minait depuis le 17 Mars.

N°. 2.

(THE SUN. — 5 *Juillet*.)

Compagnie des Indes Orientales.

Une assemblée générale des propriétaires de la Compagnie des Indes Orientales s'est tenue hier, 4, dans l'Hôtel de la compagnie, Leadenhal street.

Un des actionnaires, après avoir parlé pendant un

certain temps, fut interrompu par le président. Celui-ci dit qu'il était de son devoir de faire part à l'assemblée de la nouvelle qu'il venait de recevoir, à l'instant, de la mort de Bonaparte. Après une pause de quelques minutes, il ajouta qu'il s'était empressé de donner communication à la Cour de cet événement, par suite de la connaissance qu'il en avait acquise par voie particulière, mais que finalement, il venait de recevoir une lettre de sir Hudson Lowe qui lui annonçait officiellement la mort de Napoléon Bonaparte. On fit alors la lecture de cette lettre, par l'organe du secrétaire ; elle avait pour objet d'informer le conseil des directeurs que Bonaparte était mort à six heures moins dix minutes du matin, le cinq du mois de Mai, par suite d'une maladie qui l'avait contraint à garder le lit, depuis le 17 du mois de Mars dernier.

M. Lowndes. — En ce cas, M. le président, je vous félicite de la réception de cette nouvelle. (*Les plus fortes marques de désapprobation se firent alors entendre de toutes parts.*)

M. Douglas de Kinneird se leva bientôt pour déclarer qu'il était indigne du caractère anglais de faire, du décès d'un homme mort depuis si long-temps, du moins politiquement parlant, un sujet de félicitations. (*Écoutez, écoutez.*)

M. Pattison fit alors observer que cet événement avait été communiqué à la Cour des directeurs tout uniment comme un simple fait matériel, et nullement comme objet de délibération.

M. Lowndes se leva de rechef en disant qu'il ne faisait que féliciter son pays de ce qu'il se trouvait débarrassé de la dépense de l'établissement de Sainte-Hélène; puis, il continua son discours, touchant le bill tendant à régulariser le commerce avec l'Inde, mais il ne fut plus possible d'en entendre un seul mot : la nouvelle de la mort de Bonaparte avait excité, dans l'assemblée, une sensation si vive que chacun parlait confusément de sa place et s'entretenait, sans écouter l'orateur.

N°. 3.

(THE TIMES — 5 *Juillet.*)

Les dépêches (apportées par le capitaine Crokat) annonçant la mort de Bonaparte, sont datées de

Sainte-Hélène, du 17 mai. Sa maladie a duré en tout six semaines; un officier qui a eu de fréquentes occasions de le voir dans cet intervalle, dit qu'il était réduit presqu'à l'état de squelette, et qu'il était devenu tout-à-fait méconnaissable. Pendant la dernière période de sa maladie, il s'en entretenait souvent avec ses médecins, et paraissait en connaître parfaitement la nature. Quand on ouvrit le corps, on trouva l'estomac dans un tel état d'ulcération, qu'il était, en quelques endroits, percé d'outre en outre. Les médecins ordinaires et celui qu'on a appelé en consultation ont unanimement déclaré que le mal était incurable, et que le climat n'y avait aucunement contribué.

On a dit que *le Héron*, qui a apporté les dépêches, avait aussi, à son bord, le corps de Bonaparte; mais ce fait est inexact. Les personnes de sa suite désiraient que son corps fût transporté en Europe; mais, quand on ouvrit son testament, on découvrit qu'il demandait lui-même à être enseveli dans l'Ile et qu'il indiquait le lieu précis où il voulait reposer. C'est dans une vallée charmante, non loin de sa maison. Quoique l'on suppose qu'il doive avoir beaucoup souffert, sa mort a été remarquablement douce ; il n'a pas poussé un soupir, et les spectateurs ne croyaient pas qu'elle fût si proche.

On assure que le Comte Montholon est arrivé par le vaisseau qui a apporté les dépêches, et qu'il en a sur-le-champ fait parvenir l'avis à l'ambassadeur de France, par un courier extraordinaire.

De nombreux exprès sont partis de Londres hier matin, pour annoncer la mort de Bonaparte aux différentes Cours de l'Europe.

N°. 4.

(LONDON GAZETTE. — 7 *Juillet*.)

Bureau des Colonies. — Downing Street ; 4 Juillet, 1821.

Le capitaine Crokat, du vingtième régiment, arrive aujourd'hui de Sainte-Hélène, avec une dépêche adressée au comte de Bathurst, par le lieutenant-général sir Hudson Lowe, chevalier de l'ordre du Bain, dont voici la copie :

Sainte-Hélène, 6 mai.

MYLORD,

Il est de mon devoir d'informer votre seigneurie que Napoléon Bonaparte est mort ici, à 6 heures moins 10 minutes du matin, 5 du courant, après une maladie de langueur, qui lui faisait garder son appartement depuis le 17 mars dernier. Dans le commencement de sa maladie, c'est-à-dire depuis le 17 jusqu'au 31 mars, il a été soigné par son propre médecin, le professeur Antommarchi, tout seul. Dans le dernier période de cette maladie, c'est-à-dire du 1er. au 5 mai, il recevait journellement la visite du docteur Arnott, du vingtième régiment, mais presque toujours accompagné du professeur Antommarchi.

Le docteur Short, médecin de l'armée, et le docteur Mitchel, premier officier de santé de la marine royale en station, dont les services, aussi bien que ceux de tous les autres gens de l'art, avaient été offerts, furent priés à une consultation par le professeur Antommarchi, le 5 de ce mois, mais on ne les invita pas à voir le malade. Le docteur Arnott, s'est trouvé auprès de lui, au moment de son décès, et l'a même vu rendre le dernier soupir. Le capitaine Crokat, officier d'ordonnance qui se trouvait alors de service, tout comme les docteurs Short et Mitchel, ont vu le corps presqu'immédiatement après. Le docteur Arnott a, quant à lui, passé toute la nuit près du corps.

De bonne heure ce matin, vers les sept heures, je me suis rendu dans l'appartement où gissait Bonaparte; j'étais accompagné du contr'amiral *Lambert*, commandant maritime en chef de l'escadre en station; du marquis de Montchenu, commissaire de Sa Majesté le Roi de France, chargé des mêmes fonctions de la part de Sa Majesté l'Empereur d'Autriche; du brigadier-général Coffin, commandant en second des forces; de Thomas II. Brook et Thomas Greentrie, membres du conseil du Gouvernement de l'île, comme aussi des capitaines Brown, Hendry et Marryat de la marine royale.

Après nous être assurés de l'identité de la personne de Napoléon Bonaparte, dont la figure était toute découverte, nous nous retirâmes.

Bientôt après, toutefois du consentement unanime

des personnes qui avaient composé la maison de Napoléon Bonaparte, on laissa la liberté à tous les officiers civils et employés de l'honorable Compagnie des Indes, comme à diverses personnes fixées à Sainte-Hélène, d'entrer dans la chambre où reposait le corps, pour le voir.

Aujourd'hui, à deux heures, on a fait l'ouverture du corps, en présence de MM. les docteurs Short, Mitchell, Burton, médecin du soixante-sixième régiment, et de Mathieu Levingstone, chirurgien au service de la Compagnie des Indes Orientales.

Le professeur Antommarchi assistait à la dissection du corps. Le général Bertrand et le comte Montholon s'y trouvaient également présens.

Après un examen très-approfondi des parties intérieures du corps, tous les médecins présens se sont accordés sur le *rapport suivant* (nos lecteurs le trouveront plus bas.)

Je ferai enterrer le corps avec tous les honneurs dus à un officier-général du premier rang.

J'ai confié ces dépêches au capitaine Crokat, du vingtième régiment, qui se trouvait être l'officier de

service auprès de Napoléon Bonaparte, au moment
de sa mort ; il va s'embarquer à bord de la goëlette
de Sa Majesté le *Héron* que le contr'amiral Lambert
détache de l'escadre sous ses ordres, pour porter cette
nouvelle. »

J'ai l'honneur d'être, etc.

Signé H. Lowe, *lieutenant-général.*

Au très-honorable, le comte Bathurst, etc., etc.

N°. 5.

(STATESMAN. — 7 *Juillet.*)

On s'est empressé de faire, au sujet de la cause immédiate de la mort de Bonaparte, un rapport très-
circonstancié, dans l'intention d'éviter que certaines
personnes vînssent à mettre sur le compte du lieu et
des circonstances de sa détention, d'avoir contribué
à sa mort ou de l'avoir accélérée. Que cette maladie,
dont on parle, ait été héréditaire ou non, c'est ce que
nous ne prendrons pas sur nous de contester ; mais,
en revanche, nous pourrions affirmer qu'avant qu'on
eût donné de la publicité au rapport en question,

une maladie toute différente d'un cancer, avait été assignée comme cause de sa mort; et cette infirmité était une obstruction au foie (1); lorsqu'on visita le corps après sa mort, on trouva, dit-on, ce viscère adhérent aux côtes. Nous n'insisterons pas plus sur la probabilité de cette assertion, que sur l'exactitude du rapport qui a généralement prévalu à cet égard; mais, tout ce que la mise en circulation de ces rapports prouve, c'est l'extrême sollicitude des divers partis qui les ont provoqué, d'ôter tout prétexte à des réflexions pénibles.

N°. 6.

(SUNDAY MONITOR. — 8 *Juillet.*)

Sainte-Hélène, 11 Mai.

« Napoléon Bonaparte se trouvait depuis long-temps indisposé. En dernier lieu même, il avait

---

(1) *Note de l'Éditeur.* Du moins était-ce l'avis des chirurgiens Stocke et O'Meara. Nous verrons plus loin quelle foi on devait ajouter aux rêveries de ce dernier.

été forcé de prendre le lit, qu'il gardait depuis quarante jours. Ce ne fut que Mardi, 2 de ce mois, que nous regardâmes, pour la première fois, sa position comme dangereuse ; Mercredi 3, elle empira ; Jeudi, l'on désespérait de sa vie ; Vendredi, il y eut un peu de mieux : il lui fut possible de prendre quelques rafraîchissemens ; mais, Samedi, vers 5 heures du matin, l'on ne conserva plus d'espoir de le sauver. Dans le cours de vendredi, les signaux télégraphiques de Longwood annonçaient d'heure en heure : « Il est toujours dans le même état. » Il ne s'opéra en effet aucun changement jusqu'à 5 heures : alors les signaux indiquèrent. « Le froid gagne les extrémités ; il n'y a presque plus de pouls. » En conséquence de ces avis, l'amiral, le marquis de Montchenu, commissaire du gouvernement français et son aide-de-camp, se rendirent de bonne heure à Longwood, pour être, à ce qu'on présume, témoins de la fin de Napoléon Bonaparte, qui était survenue à six heures moins dix minutes.

Napoléon Bonaparte, placé sur un petit lit de camp de bronze, dont il avait fait usage dans presque toutes ses campagnes, demeura exposé, pendant les journées du 6 et du 7, revêtu de son simple uniforme, avec un crachat du côté du cœur, et un crucifix sur la poitrine. Il avait sous lui, son manteau de drap bleu, brodé d'argent, le même qu'il portait à la bataille de Marengo ; (ce manteau servit plus tard de drap mortuaire pour son enterrement.)

' La chambre dans laquelle on déposa le corps de Bonaparte était petite, toute tendue de noir.

A la tête du corps, étaient l'autel, un aumônier, le maréchal Bertrand, le comte Montholon et tous les domestiques ; tous s'écrièrent qu'il avait le plus beau corps qu'ils eussent jamais vu.

On n'a point embaumé le corps de Bonaparte ; mais on a conservé son cœur dans de l'esprit de vin. La maladie, dont il est mort, est un cancer dans l'estomac. Il a été enterré, le 9 mai, avec tous les honneurs qu'on rend d'ordinaire à un officier-général, ou, en d'autres termes, avec tous les honneurs qu'on a pu lui rendre dans cette île.

Napoléon est enterré dans une vallée, dont les abords sont tout-à-fait romantiques, non loin d'un endroit connu sous le nom de *Huts'gate* (porte de la chaumière.)

Voici la circonstance qui décida Bonaparte à choisir ce lieu pour sépulture : peu de temps après son arrivée à Sainte-Hélène, le maréchal Bertrand avait fixé sa résidence à *Huts'gate*, en attendant qu'on lui eût construit une maison, près celle de l'ex-Empereur. Ce dernier allait souvent faire visite à la famille du général, et très-souvent aussi descendait-il vers une source d'eau excellente (on la regarde comme la meilleure de toute l'île ;) il s'en faisait alors apporter un verre pour se rafraîchir. Le maréchal Bertrand et son épouse l'accompagnaient toujours. « S'il plaît à Dieu que je meure sur ce rocher, » faites-moi enterrer ici » leur répétait-il souvent en indiquant un endroit, près de la source, ombragé par deux saules.

N°. 7.

(STATESMAN — *8 juillet.*)

« Conformément à ce désir exprimé par Bonaparte,

qu'on fît l'ouverture de son corps, et d'ailleurs, attendu qu'il importait infiniment aux autorités du lieu de pouvoir être fixées sur le véritable siége de sa maladie, cette opération a été faite hier, 6 mai, deux heures de relevée, par son propre chirurgien, en présence du chirurgien du vaisseau amiral, de cinq autres chirurgiens, du vice-adjudant-général, du brigadier-major, de MM. Bertrand et Montholon. Lorsqu'on eut fait l'ouverture de la poitrine, on trouva le foie dans un état parfait; le chirurgien français le coupa : aussitôt tous les chirurgiens présens déclarèrent, à l'unanimité, qu'aucune maladie n'y avait jamais existé. Mais, dès qu'on se fut mis en devoir d'examiner l'estomac, tous les chirurgiens s'écrièrent ensemble : « Voilà le siége de la maladie. » C'était un cancer de l'estomac; il y avait, dans une des parties, un trou assez grand pour qu'on y introduisît le doigt. Les gens de l'art tombèrent d'accord, d'une voix commune, pour déclarer que la mort de Napoléon Bonaparte n'était due ni à la nature du climat, ni à l'ennui ou chagrin qu'avait conçu Bonaparte à Sainte-Hélène, et qu'il serait mort, comme le dit Madame Bertrand, quand on lui décrivit le genre de sa maladie, eût-il été au milieu de sa gloire, à Austerlitz. »

« Pour ce qui fut de l'exposition du corps aux yeux de tous les habitans de l'île, sir Hudson Lowe s'en rapporta absolument à MM. Bertrand et Montholon, qui non-seulement y acquiescèrent, mais même désiraient que cette cérémonie eût lieu. En conséquence, dans l'après-midi du 6, peu de temps après l'ouverture du corps par les chirurgiens, on revêtit Napoléon Bonaparte de son frac vert, à paremens rouges, avec toutes ses décorations. (C'est cette circonstance qui a donné lieu à la fausse supposition que Bonaparte était mort revêtu de son uniforme.)

» Une foule immense s'est portée hier et aujourd'hui pour le voir. C'était l'un des spectacles les plus extraordinaires auxquels j'aie assisté de ma vie. L'aspect de la figure de Bonaparte, de laquelle je pouvais à peine détourner mes yeux, me fit éprouver une sensation qu'il m'est impossible de décrire. Les mains du défunt étaient blanches et molles, quoique glacées par la mort.

« Il est indispensable qu'on dérobe, au plus vite, ces restes mortels aux yeux des hommes. Dans un climat aussi chaud que celui-ci, les corps des morts se corrompent très-promptement; bien qu'on ait mis. toute la promptitude imaginable pour achever son cercueil de plomb, il est temps que le corps y soit renfermé.

» Le gouvernement a déjà donné des ordres pour que Napoléon Bonaparte soit enterré avec les plus grands honneurs militaires; et, selon toute apparence, ce sera jeudi ou vendredi prochain que cette cérémonie aura lieu.

» Bonaparte avait fixé, depuis quelque temps, lui-même, la place où il voulait être enseveli, dans le cas où il serait résolu de déposer ses restes à Sainte-Hélène; il l'avait indiqué, de nouveau, dit-on, par son testament. Cet endroit est situé à une petite distance de Longwood, près d'une source d'eau à laquelle il se désaltérait fréquemment; il avait même, plus récemment, contracté l'habitude de déjeûner à l'ombre de deux saules qui ombragent la source jaillissante. L'endroit est d'un accès difficile, mais les pionniers sont employés à frayer un chemin; et, comme il ne manque pas d'ouvriers ici, ce chemin ne tardera pas. à être praticable.

/«˶Bonaparte connaissait parfaitement la nature de sa maladie; il la décrivait très-bien aux personnes qui l'entouraient , mais sans jamais pouvoir convaincre ses chirurgiens de la justesse de ses idées. Dès l'origine de cette maladie, qui date de loin , il en commença la description en notant soigneusement les diverses sensations qu'elle lui faisait éprouver dans ses différentes périodes; il ne cessa ce travail que peu de jours avant sa mort. Ce travail était destiné pour son fils; on dit qu'on lui a mis deux fois les ventouses.

« Par un hasard singulier, le navire des Indes, le *Waterlo*, chargé des objets nécessaires pour l'él'établissement de Bonaparte à Longwood , venait d'arriver, depuis deux jours seulement, lorsqu'il mourut.

(*Post-scriptum.*)

« Le portrait de Bonaparte a été dessiné, le lendemain de sa mort , par le capitaine Marryat du vaisseau royal le *Castor.* Ce gentilhomme en a fait plusieurs copies, dont quelques-unes sont parvenues en Angleterre, par les officiers qui sont arrivés mercredi.

N°. 8.

(MORNING-POST — 9 *Juillet.*)

La Gazette de samedi contient l'annonce officielle de la mort de Napoléon Bonaparte, et le rapport des gens de l'art qui ont disséqué et examiné le corps : ces détails, auxquels nous renvoyons nos lecteurs, seront jugés sans doute fort intéressans : l'estomac fut particulièrement trouvé dans un état horrible. On fut obligé de dérober le corps de Bonaparte à la vue d'une foule immense, qui s'empressait pour le voir. Il résulte des rapports publiés sur ses funérailles, qu'il fut enterré avec tous les honneurs dus à un officier-général du premier rang. Il paraît certain que ce n'est point avant sa mort, mais bien après qu'on eût fait la dissection du corps, qu'il fut revêtu de son frac favori (vert, paremens rouges), et couvert de toutes ses décorations. C'est ainsi que les restes mortels de Napoléon Bonaparte restèrent, pendant quelque temps, exposés sur un lit de parade.

N°. 9.

(MORNING-POST — 9 *Juillet.*)

Procès-verbal de l'ouverture du corps de Napoléon Bonaparte.

Longwood (Sainte-Hélène) 6 Mai.

A la première vue, le corps parut très-gras : ce qui fut confirmé par la première incision centrale. On trouva plus d'un pouce et demi d'épaisseur de graisse sur le bas-ventre.

En coupant les cartilages des côtes, et mettant à découvert la cavité du thorax, on remarqua une légère adhésion de la plèvre gauche à la plèvre costale.

Environ trois onces d'un fluide rougeâtre étaient contenues dans la cavité gauche, et près de huit onces dans la cavité droite. Les poumons se trouvaient parfaitement sains ; le péricarde était dans son état naturel, et contenait environ une once de fluide ; le cœur était de grandeur naturelle, mais revêtu d'une épaisse couche de graisse ; les oreillettes et les ventricules n'avaient rien d'extraordinaire, si ce n'est que les parties musculaires paraissaient plus pâles qu'elles ne devaient l'être.

En ouvrant l'abdomen, on trouva la tunique qui enveloppe les intestins, extraordinairement grasse ; et, en découvrant l'estomac, on s'aperçut que ce viscère était le siége d'une grande maladie. De fortes adhésions liaient ensemble toute la surface supérieure, surtout vers l'extrémité du pylore, à la surface concave du lobe gauche du foie. En la séparant, on vit, à un pouce du pylore, un ulcère qui avait pénétré les parois de l'estomac, et qui était assez grand pour qu'on y pût introduire le petit doigt.

Presque toute la surface intérieure de l'estomac n'était qu'une masse carcinomateuse ou squirrheuse, approchant plus ou moins de l'état du cancer ; cette disposition était surtout remarquable dans les environs du pylore. L'extrémité cardiaque, vers la fin de l'œsophage, était la seule partie qui parût être vraiment saine. L'estomac était rempli d'une grande quantité de liquide ressemblant à du marc de café.

La surface convexe du lobe gauche du foie adhérait au diaphragme, à l'exception des adhésions occasionnées par la maladie dans l'estomac; le foie ne présentait aucune apparence de maladie. »

On observa une légère irrégularité dans la formation du rein gauche.

Signé Thomas Short, D. M. *et premier officier de santé ;* Arch. Arnolt, D. M., *chirurgien du vingtième régiment ;* Charles Mitchell, D. M., *chirurgien du vaisseau de sa Majesté le Vigo ;* François Burton, D. M., *chirurgien du soixante - sixième régiment ;* Mathieu Livingtone, *chirurgien au service de l'honorable Compagnie.*

———

N°. 10.

(THE STAR. — 10 *Juillet.*)

Extrait d'une lettre écrite par un officier en station à Sainte-Hélène, en date du 6 mai 1821.

« Je viens d'être, à l'instant, témoin d'un spectacle des plus imposans : j'ai vu le corps inanimé de celui qui naguère était la terreur de l'Europe entière, de

Napoléon Bonaparte. Le navire de l'honorable Compagnie des Indes, le *Waterloo*, est venu mouiller ici, à trois heures de relevée, le 2 courant ; et Napoléon a cessé de vivre à six heures moins dix minutes du matin, le samedi 5 ; à la suite d'une maladie de longue durée et d'une nature compliquée, qui tenait de l'hydropysie et d'affections au foie ; néanmoins la cause immédiate de sa mort est attribuée par les médecins, à un cancer dans l'estomac. »

« Je puis me flatter d'avoir été l'un des premiers habitans de toute l'île, qui ait eu l'occasion de le voir et de le fréquenter, et je dois ajouter que je suis le dernier qui ait vu et touché son corps. J'ai demeuré sous le même toît, pendant les sept semaines qui ont immédiatement suivi son arrivée ; je me suis entretenu très-fréquemment avec lui. A cette époque, il paraissait très-gai et se montrait plein de bienveillance pour la famille chez laquelle je demeurais. Depuis lors, je n'ai plus trouvé l'occasion de le voir jusqu'aujourd'hui, où il gît exposé à tous les yeux sur un lit de parade, en grand costume d'officier de la légion-d'honneur. »

« Il avait plutôt l'air d'une personne endormie

que d'un mort ; ses traits n'avaient presque pas éprouvé
d'altération depuis la dernière fois que je l'avais vu.
Un léger sourire était la seule expression qu'on re-
marquât sur sa figure. »

« Son enterrement doit avoir lieu jeudi prochain,
à quatre heures, dans un lieu désigné par lui-même,
peu de temps avant sa mort. C'est sous un saule, à
trente pieds environ d'une source, dont on fournissait
sa maison depuis sa résidence à Longwood, et dans
une vallée que les gens du pays appellent *the devils'
punch-bowl.* »

« Au moment où j'écris, cent hommes sont employés à ouvrir un chemin pour qu'on puisse transporter, en cet endroit, le corps de Napoléon Bonaparte, qui sera enterré avec tous les honneurs dus à
un général. »

« Le chemin de Longwood forme, pour ainsi dire,
un circuit de trois milles d'étendue, autour de l'endroit où sera enterré Bonaparte. »

« Cet homme extraordinaire a bien vérifié sa prédic-
tion qu'il n'irait jamais habiter la nouvelle maison
qu'on avait bâtie pour lui, bien qu'elle se trouve
achevée et déjà meublée, à l'exception de quelques

petits arrangemens qui restent à faire dans quelques-
unes de ses dépendances. L'on avait réuni là, mais
à grands frais, toutes les commodités de la vie : rien
n'avait été épargné. »

» Je viens de voir Madame Bertrand et sa famille ;
cette dame, ainsi que le Comte son mari, a les
traits fort altérés. La santé du comte Montholon
paraît avoir mieux résisté qu'aucune autre. »

» La mort de Napoléon causera une grande révo-
lution dans les affaires de l'île ; quelques individus
seront à moitié ruinés, tandis que d'autres gagneront
considérablement. »

N°. 11.

(THE EVENING STAR. — 10 *Juillet.*)

Extrait d'une lettre écrite par un officier de Marine d'un rang supérieur, dans la station de Sainte-
Hélène, et du 7 Mai.

« Plusieurs jours avant sa mort, Bonaparte fît
placer le buste de son fils au pied de son lit ; ses yeux

s'y fixèrent sans cesse, jusqu'au moment où il rendit le dernier soupir. Je suis allé avec l'amiral pour voir le corps, avant qu'on n'en fît l'ouverture. Le défunt avait toute l'apparence d'une personne endormie, sans que rien n'indiquât même un état de maladie. J'ai particulièrement été frappé de la beauté de son nez et de sa bouche. Sa figure était composée et tranquille ; elle avait quelque chose de très-noble et d'imposant. Si je n'avais pas connu son âge, je ne lui aurais pas donné plus de quarante ans. Nous sommes actuellement occupés à convertir l'un de nos bâtimens munitionnaires en transport, et à distribuer les chambres sous la poupe, pour la réception de la maison de Bonaparte. Ce navire partira, je pense, dans le cours de la semaine prochaine ; mais nous resterons ici pour attendre nos ordres de l'Angleterre. »

Une autre lettre dit : « Les dernières paroles de Bonaparte ont été rapportées diversement ; les voici : Il articula dans un moment de délire ces premiers mots : « *Mon Fils*, puis il prononça distinctement ceux-ci : « la *Fête de l'Armée* ; » peu après, il balbutia *France*, et dès-lors il ne prononça plus une seule parole. »

» La tête et la figure de Bonaparte étaient d'une grandeur extraordinaire, comparativement à son corps; l'on peut dire, avec la plus grande vérité, qu'elles étaient tout ce qu'il y avait de bien dans sa personne; sa figure, pendant les quatorze heures qui suivirent immédiatement sa mort, me sembla l'une des plus intéressantes qu'on eût jamais vues; mais, par suite de l'extrême chaleur du climat, la décomposition en était si prompte, qu'en fort peu de temps ses traits s'altérèrent; et lorsqu'on l'exposa en parade, après l'ouverture du corps, sa physionomie avait déjà subi un changement total. »

» On n'a trouvé, sur son corps, que trois blessures fort légères : à la tête, un coup de pique qu'il avait reçu d'un sergent anglais, au siége de Toulon; au-dessus du genou, la marque d'une balle morte qui l'effleura à Ratisbonne; et, près de la cheville du pied, la cicatrice assez visible d'une balle de fusil qui l'avait frappé en Italie. »

» Le crâne de Bonaparte n'a pas répondu à l'attente des crânologues : les docteurs Mitchel et Burton se sont donné des peines infinies pour mouler sa tête et son crâne, mais, par malheur, la qualité du plâtre que fournit Sainte-Hélène , n'a pu se prêter à cette opération. »

» Peu de temps avant sa mort, Bonaparte grava une *N* avec la pointe d'un canif sur une tabatière, et la donna au docteur Arnolt, pour lui témoigner sa reconnaissance des soins qu'il avait pris de sa personne ; il légua semblablement à ce médecin 5oo napoléons.. »

» Son valet-de-chambre (Marchand), est un jeune homme fort distingué : aussi Bonaparte a-t-il pourvu très-généreusement à son sort ; en lui faisant un legs considérable, et lui conférant le titre de comte ; il a même exigé, quelques instans avant sa mort, de MM. Bertrand et Montholon, la promesse de reconnaître Marchand comme tel. »

» Il paraît que Bonaparte, pendant toute la durée de sa détention à Sainte-Hélène, n'a jamais souffert que personne de sa suite se relâchât, un seul instant, des attentions et des devoirs qu'il exigeait autrefois comme Empereur. Il dînait toujours seul ; il n'était permis à personne de s'asseoir en sa présence ; pour rendre d'ailleurs la chose impossible, il avait eu soin de ne faire mettre qu'une seule chaise dans son appartement.

» On assure et l'on donne, comme un fait avéré, que ni Bertrand, ni Montholon, ni aucune autre personne de la suite de Bonaparte, n'ont joui d'aucun traitement, pendant tout le temps de leur séjour avec l'ex-Empereur; ces Messieurs ont de leur côté, donné la preuve d'une noble fidélité, en demeurant près de lui jusqu'à sa mort.

» Napoléon a laissé, dit-on, tous les effets qu'il possédait à Sainte-Hélène, à MM. Bertrand et Montholon : ces objets sont d'une grande valeur : ils consistent surtout en argenterie et en fort belle porcelaine de Sèvres. Il a légué une très-belle tabatière, garnie d'une superbe camée antique, que lui avait donnée le Pape, à milady Holland. Cette tabatière renfermait un petit papier, écrit de sa main, par lequel il témoignait à cette dame sa reconnaissance des bontés qu'elle avait eues pour lui.

N°. 12.

(THE COURIER. — 9 *Juillet.*)

Funérailles de Napoléon Bonaparte.

(Lettre particulière. — Sainte-Hélène 11 Mai.)

Bonaparte a été enterré, le mercredi 9 Mai, à l'ombre de deux saules, dans l'endroit qu'il avait désigné lui-même, à un mille environ de son habitation de Longwood. Un cortége composé de l'état-major et de tous les officiers de marine, suivait le corps placé sur un char funèbre et renfermé dans un cercueil d'acajou.

En sortant de Longwood, le corps du défunt a été reçu par trois mille hommes de troupe, y compris l'artillerie et les soldats de la marine ; quatre détachemens de musiciens étaient rangés sur la route de distance en distance. Le corps une fois passé, les troupes le suivirent vers le lieu de l'enterrement, et firent halte au dessus de l'endroit où il devait être déposé, en formant une haie tout le long des détours de la vallée, tandis que le cortége y descendait par un chemin pratiqué tout exprès. Le corps fut alors enlevé par vingt-quatre grenadiers, des différentes armes présentes, et porté au tombeau où il reçut la bénédiction du prêtre : le comte Montholon et le général Bertrand tenaient le poêle. Dès qu'il fut descendu dans la fosse, l'artillerie tira trois volées de onze coups de canon chacune, et, de leur côté, les canons du Vigo tirèrent un coup par minute : leur son lugubre remplissait les intervalles des décharges d'artillerie.

Sa tombe avait quatorze pieds de profondeur ; la partie supérieure était très-large, et la partie inférieure construite de manière à recevoir le cercueil en forme de chambre, qu'une large pierre recouvrait entièrement. L'espace restant fut rempli par un ouvrage en maçonnerie très-solide et fermé par des barres de fer.

Toutes les précautions ont été prises pour que le corps ne puisse être enlevé ; et l'on assure que ces précautions sont l'effet d'un commun accord entre le commissaire français et les autorités anglaises de l'île. Le lieu de la sépulture avait été d'abord consacré et béni par l'aumônier de Bonaparte.

Le corps de l'ex-Empereur est renfermé dans un triple cercueil ; le premier est construit en acajou ; les bords en sont garnis d'ébène noire, et des vis d'argent s'élèvent sur le couvercle ; le deuxième est en plomb, et le troisième en chêne. Son cœur, que le général Bertrand et M. Montholon désiraient vivement emporter en Europe, a été déposé dans le cercueil, mais renfermé dans un vase d'argent, plein d'esprit-de-vin, pour le préserver de la corruption, le plus long-temps possible.

Le chirurgien de Bonaparte demanda aussi à conserver les parties intérieures de l'estomac ; mais on a employé les mêmes procédés pour les déposer dans le cercueil.

On a mis un officier de garde près de son tombeau.

Voici quel était l'ordre du cortége :

Napoléon Bertrand, fils du maréchal, et l'aumônier de Bonaparte.

Le docteur Arnolt et le médecin du défunt.

Le corps, dans un corbillard traîné par quatre chevaux et douze grenadiers de chaque côté, pour porter le cercueil dans une descente rapide où le corbillard ne pouvait passer.

Le cheval de Bonaparte, conduit par deux valets de pied ; le comte Montholon d'un côté, et le maréchal Bertrand de l'autre.

Madame Bertrand dans une calèche avec sa fille, et des domestiques marchant à côté et derrière.

Des officiers de Marine.

Des officiers d'État-major.

Des membres du conseil de l'île.

Le général Coffin et le marquis de Montchenu.

L'Amiral et le Gouverneur.

Milady Lowe dans une calèche avec sa fille et des domestiques marchant à côté et derrière.

Ensuite venaient des dragons, les volontaires de Sainte-Hélène, le régiment de Sainte-Hélène, l'artillerie de Sainte-Hélène, le soixante-sixième régiment, les soldats de la marine royale, le vingtième régiment et l'artillerie royale.

N°. 13.

(EVENING-MAIL.)

Londres, 11 Juillet.

M. O'Meara, chirurgien, qui a été de service auprès de Napoléon Bonaparte et qui a soutenu, dans un livre,

« que la maladie du célèbre prisonnier, avait son
» siége dans le foie, et que le climat de Sainte-Hé-
» lène devait faire empirer ce mal, » se fâche aujourd'hui contre les cinq chirurgiens signataires du
procès-verbal de l'ouverture du corps de Bonaparte,
parce qu'ils ont dit unanimement, « que le foie était
» parfaitement sain, et que le cancer de l'estomac
» était la seule cause de sa maladie. » M. O'Meara
traite ses confrères, *d'ignares écoliers*, pour avoir
cru qu'un cancer pût devenir mortel dans l'espace de
six semaines; il soutient que la maladie était dans le
foie, mais que ce viscère, vers la fin de la maladie,
reprend un aspect sain.

Le but de cette disertation médicale, est de prouver
que le Ministère Anglais a causé la mort de Bonaparte, 1°. en lui faisant donner mille petits sujets de
chagrins journaliers par le gouverneur, 2°. en refusant
à M. O'Méara la permission d'aller à Sainte-Helène
pour traiter la maladie du prisonnier.

Il est notoire que Bonaparte avait demandé lui-même
le docteur Antommarchi, et qu'on n'a fait aucune
difficulté d'accéder à sa demande. On a aussi accordé
à Bonaparte la liberté de se promener à cheval et

à pied ; seulement on le gardait à vue. Les injures contre les cinq chirurgiens prouvent uniquement l'immense orgueil de M. O'Meara qui se croit le seul homme capable dans les trois royaumes.

/ Toutefois M. O'Meara s'est appuyé d'une circonstance qui mérite d'être expliquée : c'est que le docteur Antommarchi , médecin de Bonaparte , n'a pas signé le procès-verbal avec les autres docteurs. La raison est qu'il est médecin et non pas chirurgien ; c'était à lui à écrire l'historique de la maladie , mais non pas à faire l'ouverture du corps. Cette opération ayant été faite officiellement par cinq chirurgiens anglais les plus distingués qui se trouvaient sur le lieu , le rapport a dû être adressé au gouverneur anglais ; mais M. Antommarchi, qui n'est pas sujet anglais , ne pouvait pas être obligé à le contresigner. Il était simple témoin, comme MM. Bertrand, Montholon, et les autres personnes attachées à Bonaparte. /

N°. 14.

(NEW TIMES. — 11 *Juillet.*)

La mort de Napoléon Bonaparte nous rappelle un rapprochement assez curieux : c'est qu'il y a plus de cinq cents ans, un autre Napoléon fut pensionnaire de la couronne d'Angleterre. Eu égard à la similitude des noms, cette circonstance peut être considérée comme assez remarquable. La preuve de ce fait résulte d'une lettre d'Édouard III, datée du 28 septembre 1307, et qui existe encore dans les manuscrits de l'échiquier ; la voici textuellement :

« Edward par la grâce de dieu roi d'Engleterre, seigneur d'Irlande et duc d'Aquitaine as tresorer et chamberléins de nótre escheker, salut :

Nous vous mandons que vous facer acompter od le porter de cestes, procurateur l'onérable piere en Dieu Neapoleon, cardinal de la seinte église de Rome, des arrérajes de l'annuèle empension de cinquante marcs qu'il prist de notre treschier seigneur et père que Dieux assoi »

« Et de ces que serra trove que dur lui est, lui facer faire paiement ou assignement covenable dont il purra être prestement paier. »

« Don' sous notre prive seal, a evicole le xxvIII jour de sept' l'an de notre règne primer.

N°. 15.

(EVENING DUBLIN COURANT. — 16 *Juillet*.)

Sainte-Hélène, 28 Avril.

« Vers la fin de Janvier dernier, Bonaparte se plaignit, par l'entremise du comte Montholon, du besoin qu'il avait d'argent, par suite du retard qu'il éprouvait dans ses remises ordinaires. Pour prévenir désormais le retour d'une circonstance aussi désagréable, sans s'imposer l'obligation d'accepter les secours qui lui étaient offerts par la maison B et H, il fit demander au gouverneur une avance de trois cent liv. sterling (trois cent louis) par mois, que le duc de Leuchtenberg devait rembourser au gouvernement Britannique par l'entremise de M. Baring. Il demanda en même temps qu'on remplaçât les deux ecclésiastiques qui demeuraient près de sa personne, l'un desquels n'avait pas secoué encore la poussière des écoles, comme aussi le docteur Antommarchi. Et comme sa famille, qui était fixée en Italie, ne pouvait guères juger des personnes qui lui convenaient le mieux, il en laissait le choix au roi de France, et même à ceux de ses ministres, qui, ayant autrefois servi sous lui, connaissaient ses habitudes et ses besoins.

Quant à l'ecclésiastique qu'il demandait, il le voulait instruit, même savant, en état de converser sur toutes matières de religion, de répondre à toutes ses questions, d'éclaircir tous ses doutes, en un mot, de l'instruire dans l'écriture sainte. « Bien » que je sente mes forces s'affaiblir, disait-il, je ne » suis point encore assez abattu pour avoir besoin » des secours de la religion ; quand je me trouverai » dans cette position-là, c'est alors qu'il me faudra » un guide spirituel. Voltaire lui-même, au lit de » la mort, s'est jeté dans les bras de la religion. » Qui sait si je n'y prendrai pas goût moi-même, » et si je ne deviendrai pas dévot. »

Pour médecin, il souhaitait un homme tel que

M. Coury...er ; mais, dans tous les cas., il déclarait qu'il recevrait toute autre personne qui aurait été choisie par MM. Bourdois, Eymery, Larrey, Desgenettes.

Il lui était indifférent que l'ecclésiastique fût séculier ou un ci-devant prêtre. Quelques temps après, il a déclaré que décidément ce devait être un prêtre qui eût adhéré au concordat de 1802.

Pour ce qui est de l'arrangement pécuniaire dont nous avons parlé ci-dessus, le gouverneur s'en est chargé.

TRAITS
DÉTACHÉS.

Quand Bonaparte se trouvait exposé sur son lit de parade, l'on voyait au pied, son aumônier agenouillé; à la tête, étaient placés MM. Bertrand et Montholon, donnant des signes d'une profonde douleur. Madame Bertrand, qui était dans une pièce contiguë, exprimait aussi de très-vifs sentimens d'affection pour Bonaparte.

On assure que Bonaparte laisse 4o millions déposés à la Tour de Londres. Son fils est héritier de ces grandes économies.

Dès le commencement de sa maladie, Bonaparte avait désespéré de sa vie et repoussé le secours des médecins comme inutile. Il devint mélancolique, perdit l'appétit, se préparant à mourir. Pendant le dernier mois, il sentait si bien le mal qui a tranché ses jours, qu'il le comparait à un couteau pointu que l'on aurait plongé dans son sein, et dont la lame se serait brisée, en laissant fermer la plaie au-dehors.

———

Bonaparte coûtait au gouvernement anglais plus de dix millions de francs tous les ans.

———

Rien n'était plus pitoyable que la garde-robe de Bonaparte, rien de plus mesquin : ce n'était çà et là que vieux habits, vieux chapeaux, vieux pantalons qu'un aspirant de marine n'aurait pas voulu porter. C'était la chose du monde la plus difficile que de lui faire porter rien de neuf ; après l'avoir mis une heure, il le jetait de côté et reprenait ses vieux vê-temens.

———

Les comtes Bertrand et Montholon, ainsi que toutes les personnes attachées à la maison du défunt, doivent partir, dit-on, pour l'Angleterre, sur le bâtiment de transport, *le Camel.* On dit que l'intention de M. Bertrand est de se fixer, pour le reste de ses jours, en Angleterre.

————

On a montré beaucoup de curiosité pour découvrir si Bonaparte avait témoigné avant sa mort, des sentimens religieux. Il est certain qu'il a laissé son aumônier remplir toutes les pratiques de la religion; il a reçu les sacremens, mais dans un état d'insensibilité complet. La seule circonstance que l'on puisse expliquer favorablement, est celle-ci : peu d'heures avant sa mort, il a retiré lentement ses mains placées à ses côtés et les a croisées, avec un mouvement convulsif sur sa poitrine. Un instant après, il les a replacées dans leur première position.

————

Bonaparte laisse une fortune considérable; il a très-libéralement récompensé ses domestiques, entr'autres, un cocher fidèle qui, dans un danger éminent, contribua à le sauver. C'est le cocher qui conduisait sa voiture lors de l'explosion de la rue Saint-Nicaise.

————

Bonaparte, avant de mourir, avait fait promettre à M. de Montholon, que, s'il perdait connaissance, on ne laisserait entrer personne dans sa chambre.

———

Quand Bonaparte prit congé du capitaine Poppleton à Sainte-Hélène, il lui présenta une tabatière entourée de brillans, et lui dit : « Adieu, mon ami, » voilà la seule bagatelle qui me reste ; je vous la pré- » sente, afin que vous puissiez faire voir le don de » ma reconnaissance après ma mort. »

———

Dans une occasion où M. Denon, parlant à Bonaparte d'un beau tableau, laissa échapper l'expression *immortel*, l'ex-empereur l'interrompant, demanda combien de temps un tableau pouvait durer? — « 6oo ans environ. — Oui-dà, s'écria-t-il, voilà une » belle immortalité ! ! » Celui qui tenait un pareil langage est aujourd'hui dans la tombe !

———

(THE COURIER. — 13 *Juillet*.)

HISTOIRE CHRONOLOGIQUE

DES

PRINCIPAUX ÉVÉNEMENS

DE

LA VIE

DE NAPOLÉON BONAPARTE.

1769 *Août* 5.	Sa Naissance, à Ajaccio, en Corse.
1779 *Mars*.	Placé à l'École militaire de Brienne.
1793 —	Officier d'artillerie au siége de Toulon ; promu au grade de Général de Brigade.
1794 *Octobre* 4.	Il commande les troupes de la Convention.

1796 —		Nommé au commandement de l'Armée d'Italie.
	Mai 10.	Bataille de Lodi.
	Août 3.	Bataille de Castiglione.
	Novembre 16.	Bataille d'Arcole.
1797	Février 2.	Reddition de Mantoue.
	Mars 23.	Soumission de Trieste.
	Avril 18.	Signature des préliminaires, à Leoben.
	Mai 16.	Les Français s'emparent de Venise.
	— 17.	Traité de Campo-Formio, conclu avec l'Autriche.
1798	Mai 20.	Bonaparte s'embarque pour l'Égypte.
	Juillet 21.	Bataille des Pyramides.
	Octobre 24.	Insurrection au Caire.
1799	Mai 21.	Levée du siége de Saint-Jean-d'Acre.
	Août 23.	Il s'embarque en Égypte, pour retourner en France.
	Octobre 7.	Il débarque à Fréjus.

Novembre 9.	Il dissout le Directoire.
Novembre 10.	Déclaré Premier Consul.
1800 *Février* 15.	Il fait la paix avec les Vendéens.
Mai 16.	Il traverse le Mont Saint-Bernard.
Juin 16.	Bataille de Marengo.
—	Préliminaires de paix signés à Paris.
Décembre 3.	Bataille de Hohenlinden.
24.	Explosion de la machine infernale.
1801 *Février* 9.	Traité de Lunéville.
16.	Nelson attaque la flottille, à Boulogne.
Octobre 8.	Préliminaires signés avec l'Angleterre.
1802 *Janvier* 26.	La République Cisalpine placée sous la protection de Bonaparte.
Mars 27.	Traité définitif avec l'Angleterre.

Mai 15.	Institution de la Légion-d'Honneur.
Août 2.	Déclaré Consul à vie.
28.	La forme du Gouvernement suisse changée par l'intervention des Français.
1803 *Mai* 13.	Déclaration de guerre contre l'Angleterre.
Juin 6.	Conquête du Hanôvre.
1804 *Février*.	Arrestation de Moreau.
Mars 20.	Mort du Duc d'Enghien.
Avril 8.	Pichegru meurt en prison.
Mai 18.	Bonaparte déclaré Empereur.
Novembre 19.	Couronné par le Pape.
1805 *Février*.	Il adresse une lettre amicale au Roi d'Angleterre.
Avril 11.	Traité conclu à Saint-Pétersbourg entre l'Angleterre, la Russie, l'Autriche et la Suède.
Mai 26.	Bonaparte déclaré Roi d'Italie.
Septembre 24.	Bonaparte commande l'armée contre l'Autriche.

Octobre 20. Reddition de l'armée de Mack, à Ulm.

Novembre 13. Les Français en entrent dans Vienne.

Décembre 2. Bataille d'Austerlitz.

15. Traité de Vienne avec la Prusse.

26. Traité de Presbourg avec l'Autriche.

1806 *Mars* 30. Joseph Bonaparte déclaré Roi de Naples.

Juin 5. Louis Bonaparte déclaré roi de Hollande.

Juillet 26. Convocation des Juifs.

27. Publication de la Confédération du Rhin.

Septembre 24. Bonaparte marche contre la Prusse.

Octobre 14. Bataille de Jéna.

27. Bonaparte entre à Berlin.

Novembre 19. Prise de Hambourg.

— Décret de Berlin.

1807	*Février* 8.	Bataille d'Elyau.
	Juin 14.	Bataille de Friedland.
	Juillet 7.	Traité de Tilsitt.
1808	*Juillet* 7.	Joseph Bonaparte déclaré Roi d'Espagne.
	29.	Joseph Bonaparte quitte Madrid.
	Août 21.	Bataille de Vimeïra.
	Septembre 20.	Conférence d'Erfurth.
	Novembre 5.	Bonaparte arrive à Vittoria.
	Décembre 4.	Reddition de Madrid.
1809	*Février* 16.	Bataille de Carona.
	28.	Bonaparte retourne à Paris.
	Avril 6.	Déclaration de guerre à l'Autriche.
	13.	Bonaparte commande son armée contre l'Autriche.
	Mai 10.	Les Français à Vienne.
	28.	Bataille d'Esling.
	Juillet 6.	Bataille de Wagram.
	Août 15.	Flessingue pris par les Anglais.

Octobre 14.	Traité de Vienne.
Décembre 13.	Lucien Bonaparte débarque en Angleterre.
16.	Le mariage de Bonaparte avec Joséphine dissous.
23.	Évacuation de Walcheren par les Anglais.
1810 *Mars* 11.	Mariage de Bonaparte avec Marie-Louise.
Juillet 9.	La Hollande et les villes anséatiques annexées à la France.
Août 21.	Bernadotte élu prince héréditaire de Suède.
Décembre.	Décret pour restreindre la liberté de la presse.
1811 *Janvier* 1.	Hambourg annexé à l'empire Français.
Avril 20.	L'Impératrice accouche d'un fils, qu'on nomme le Roi de Rome.
Septembre 2.	Bonaparte est témoin d'un combat entre un croiseur anglais et une prame de Boulogne.

1812 *Janvier* 12.	La Poméranie Suédoise occupée par Bonaparte.
Mai 2.	Il commande l'armée contre la Russie.
Juin 11.	Il arrive à Kœnigsberg.
28.	Entre dans Wilna.
Août 18.	Prise de Smolensko.
Septembre 7.	Bataille de la Moskowa.
14.	Entrée des Français dans Moskou.
Octobre 28.	Ils l'évacuent.
Novembre 9.	Bonaparte à Smolensko.
Décembre 5.	Il abandonne son armée.
18.	Arrive à Paris.
1813 *Avril*.	Il prend le commandement de l'armée sur l'Elbe.
Mai 1.	Bataille de Lutzen.
20.	Bataille de Bautzen.
Juin 4.	Conclusion de l'armistice.
21.	Bataille de Vittoria.
Août 17.	Reprise d'hostilités.

27.	Bataille de Dresde-. — Moreau tué.
Septembre 7.	Les Anglais entrent en France.
28.	Bonaparte évacue Dresde.
Octobre 18.	Bataille de Leipsick.
Novembre 15.	Révolution de Hollande.
Décembre 1.	Déclaration des Alliés à Francfort.
8.	L'armée anglaise passe la Nive.
1814 *Janvier* 4.	Les Alliés passent le Rhin.
Mars 30.	Bataille de Montmartre.
31.	Entrée des Alliés dans Paris.
Avril 11.	Bonaparte abdique le trône.
Mai 8.	Arrive dans l'île d'Elbe.
1815 *Mars* 1.	Il quitte l'île d'Elbe pour retourner en France.
20.	Arrive à Paris et remonte sur le trône.
25.	Déclaré hors la loi par les Souverains à Vienne.
Avril.	Il convoque le Champ de Mai.

Juin 16. Il défait les Prussiens.

18. Il perd son armée à la bataille de Waterloo.

21. Il abdique une seconde fois.

Juillet 15. Il se rend au capitaine Maitland qui commande le navire le *Bellerophon.*

22. Arrive à Forbay.

Août 11. Il fait voile pour Ste-Hélène, à bord du *Northumberland.*

1821 *Mai* 5. Mort à Sainte-Hélène.

7. Il y est enterré.

UN MOT

SUR LA TOMBE

DE

NAPOLÉON BONAPARTE,

PAR LEWIS GOLDSMITH.

Londres, 8 juillet 1821.

La nouvelle de la mort de Bonaparte a produit une grande diversité de sensations en Angleterre ; chacun parle ici de Napoléon à sa manière : mais ni ses panégyristes, ni ses ennemis n'ont connu et ne connaissent l'homme dont ils nous entretiennent. Lié, comme je me suis trouvé avec Bonarparte, pendant sept années consécutives, l'ayant accompagné dans ses missions, ayant eu l'occasion de le voir, dans son cabinet, sur le champ de bataille, et même dans son lit, alors qu'il se trouvait au faîte de sa gloire, je puis affirmer, sans crainte d'être démenti, qu'il n'est pas un seul homme, en Angleterre, qui ait dû être aussi frappé de la nouvelle de sa mort que moi. Toutes les haines expirent aux portes du tombeau; d'ailleurs, je n'ai jamais eu d'inimités personnelles contre Bonaparte. Il m'a traité toujours avec bonté; c'est même avec peine que je me vois forcé d'avouer que maintes fois, depuis mon retour en Angleterre, j'ai eu à regretter d'y être revenu.

Maintenant que Napoléon n'est plus, certaines gens disent qu'il appartient à l'histoire : ce qui signifie que les biographies futures se trouveront en état d'écrire son histoire sans partialité, et que la postérité seule sera en état de juger cet homme extraordinaire. Voilà des opinions erronées. Pourquoi les historiens à venir seront-ils plus intimement instruits de sa vie publique et particulière, que les personnes qui ont eu des relations immédiates avec lui, et qui ont surveillé toutes les actions de sa vie? C'est ce que je n'ai cessé de faire. J'ai peut-être bien réussi à remplir cette tâche avec succès; la plus grande preuve en est que j'ai fréquemment occupé les pensées de Napoléon, si j'en crois du moins sir Cochrane, avec lequel il s'est souvent entretenu de moi, tout comme MM. Warden et O'Meara et le général Gourgaud.

Il n'est pas un seul homme qui ait pu mettre en doute les talens militaires de Bonaparte; il n'a jamais perdu, dans tout le cours de sa carrière, ou pour mieux dire, pendant vingt années, que deux batailles; savoir, celles de Leipsick et de Waterloo. Son passage à travers les Alpes, avant la bataille de Marengo, lui donne droit au titre de grand général; ses divers combats en France, deux mois avant son abdication, en 1814, sont autant de monumens qui attestent la gloire de ses armes, et je suis bien persuadé que le duc de Wellington ne balancerait pas à dire que, dans la journée de Waterloo, Bonaparte s'est montré un maître distingué dans l'art de la guerre.

Il est un point reconnu, c'est que l'Administration intérieure de Bonaparte était bien gouvernée, car tout inhabile qu'il fut lui-même, commé administrateur, il a toujours eu soin de faire choix d'hommes à talens. Bonaparte possédait aussi une qualité essentielle à tous les souverains, celle de ne jamais dépendre de ses ministres ; il ne permettait à aucun de le contrarier. Il faisait lui-même la lecture de toutes les lettres qu'on lui adressait. Il entretenait une police particulière en France, et envoyait des émissaires affidés dans les pays étrangers, qui correspondaient directement avec lui ; mais ce qui a le plus puissamment contribué à la célébrité de Bonaparte, c'est qu'il s'est trouvé à la tête d'une nation à qui rien n'est impossible.

Cet homme extraordinaire est mort, je n'en doute pas, le cœur navré de chagrin. Ses réflexions ont dû être d'autant plus cruelles, qu'il a pu se convaincre d'avoir commis lui-même, par son abdication, une espèce de suicide politique. Son propre génie a causé sa perte, et non les talens de ses ennemis. S'il avait su se tenir tranquille après la paix de Tilsitt, il eût été le plus puissant monarque de la terre ; et même après son mariage avec Marie-Louise, s'il eût dirigé toutes ses forces sur l'Espagne et le Portugal, au lieu de chercher à envahir la Russie, il aurait soumis ces deux pays.

Il est difficile de préciser l'effet que produira la nouvelle de sa mort, en France. Bien des gens incrédules par intérêt, chercheront à mettre ce fait en doute ; mais le retour de MM. Bertrand et Montholon pourra bientôt dissiper leur erreur. Quant aux républicains, ils n'ont je pense aucune raison de regretter sa mort : jamais il n'ont eu d'ennemi plus acharné que lui. C'est ce dont il est convenu lui-même, après sa chûte, car il disait souvent : « Qu'elle était due à son opposition aux opinions libérales et à la marche du siècle. » Mais, au faîte de sa puissance, et lorsqu'on lui représentait que les princes et les nobles des divers états de l'Europe ne le regardaient que comme un roturier et un usurpateur, il s'abandonnait à des excès de rage, et traitait tous ses amis de jacobins. L'anecdote suivante confirmera ce que j'avance : revenant de ma seconde mission dans le nord, environ trois mois après qu'il eût été nommé Empereur, Bonaparte me demanda ce qu'on pensait de lui en Allemagne et dans la Pologne. Je lui répondis avec franchise : que l'année précédente, lorsque je m'étais trouvé dans ces pays, il y était idolâtré, comme premier Consul ; mais qu'il n'en était plus de même aujourd'hui, et qu'on le détestait comme Empereur. — « Je dois donc penser, in terrompit-il, en prenant son air sombre, que c'est à cause de l'affaire du duc d'ENGHIEN. — Non pas, Sire, mais c'est parce que vous vous êtes créé Empereur, que vous avez mis bas les républiques, et persécuté les républicains. POSSELT, par exemple (le célèbre écrivain du *West-Annalen*), était votre plus grand admirateur; depuis il n'est pas seulement devenu votre antagoniste, mais dès qu'il eut appris la conduite que vous avez tenue envers le général Moreau, son ami intime, il s'est de désespoir jeté par une croisée. Au surplus, ce n'est pas Posselt seul, mais tout ce qu'il y a de gens d'un esprit éclairé, dont vous vous faites autant d'ennemis. Vous avez frustré toutes leurs espérances.... » Bonaparte m'écoutait avec un sang-froid de glace. Me prenant soudain par l'oreille, il la pinça vivement, comme il avait l'habitude de faire lorsqu'il était de bonne humeur, et me dit : « Ah ! Ah ! Monsieur GOLDSHMITH, est-ce là tout ? Je vois que le *bonnet rouge* parle par votre bouche. Vous êtes tous les mêmes ! une fois républicains, toujours républicains. Que les gens m'aiment ou me haïssent, cela m'est égal ; et quant aux princes et souverains des autres états, je les

forcerai de m'avoir l'obligation d'avoir détruit le ja-
cobinisme qui domine en Allemagne, et pour bien
dire, dans toute l'Europe. »

Bonaparte avait la littérature en horreur, à moins
qu'on ne l'encensât dans quelque nouvel ouvrage, ou
que, dans des notes et préfaces ajoutées à des réim-
pressions d'anciens livres, on ne fît allusion, de manière ou d'autre, à sa personne . . . .

. . . .

. . . .

FIN.